女の子の性の本

こころもからだも私のもの

池田久美子
尾藤りつ子
著

解放出版社

女の子の性の本

こころもからだも私のもの

もくじ

❶ いろんな生き方、いろんな性

生き方、くらし方はいろいろ———8

セクシュアル・ライツってなに？———10

セクシュアリティはさまざま———12

電話相談／当事者団体———19

ワーク　みんな違って、みんないい———20

生物の性もさまざま———24

❷ こころもからだも私のもの

いろいろなセックス――28
セックスする YES？ or NO？――32
セーファー・セックス――34
性暴力は犯罪です！――36
からだはさまざま――38
知ってる？　からだのリズム――46
月経が始まらない……――48
命が生まれるとき――54
避妊方法はいろいろあるよ――56
コンドームの話――58
性感染症のこと、知ってる？――62

❸ 私の悩み　Q&A

Q１　同級生の女の子を好きになってしまいました。
友だちはみんな男の子が好きなのに……。——68

Q２　中学に入って制服のスカートをはかないと
いけないのがいやなのですが……。——69

Q３　ぜんぜん性に興味がありません。
おかしいですか？——70

Q４　セックスで道具を使うって変ですか？——71

Q５　出会い系サイトのメールで知り合った彼と会ったときに無理やりセックスをされました。
その後、妊娠がわかったけど、彼と連絡がとれません。——72

Q６　自分の体形がいやで、やせたいのですが、
どうしたら、やせることができますか？——73

Q７　まわりの子にくらべると、私の胸は小さくて、
とても気になるんですが……。——74

Q８　うでや足の毛がこく、とてもいやです。
どうしたらいいですか？——75

Q９　月経が不順なのですが、産婦人科に行ったほうがいいですか？――76
Q10　産婦人科に行きたいのですが、どんなことをするのですか？――77

ジェンダー＆セクシュアリティ用語集――80
さまざまなセクシュアリティ　おすすめの本――84

女の子たちへの応援メッセージ……あとがきにかえて――85

装画・本文イラスト
伊東直子

*

装幀
畑佐　実

*

38頁、65頁の人形をご希望の方は
下記にお問い合わせください。

トロル
〒189-0022 東京都東村山市野口町1-11-4
TEL042-392-5304 FAX042-392-5305
http://www.troll-ren.com

1

いろんな生き方、いろんな性

生き方、くらし方はいろいろ

●あなたはどんな生き方、くらし方をしたいですか？

私たち一人ひとりはいろんな生き方、くらし方をしています。それぞれがその人らしい生き方で、それをお互いに認めあうことが大切です。

セクシュアル・ライツってなに？

●自分の生き方やからだのことは自分で選び、自分で決めよう！

最近、**セクシュアル・ライツ（性的自己決定権）**ということがよく言われるようになりました。あなたは、この言葉を知っていますか？

これは、自分という存在は世界にたった一人しかいない大切なもので、生き方やからだは、人から強制されたり管理されたりするものではなく、自分自身のものだということ、そして自分の性行動などを自分で選び決定することができるということです。

リプロダクティブ・ヘルス／ライツ

セクシュアル・ライツは女性、男性にかかわらず、誰にでもある権利のことです。

リプロダクティブ・ヘルス／ライツは「**女性の性と生殖に関する健康と権利**」のことをいいます。

これまで女性は、自分の生き方をいろいろ選ぶ機会が少ない状況におかれてきました。そのうえセックス、妊娠や出産、ときには人工妊娠中絶など「産む産まない」ことについても自分のからだでひきうけてこなければいけませんでした。

そのため、自分のからだやこころが傷ついた人がたくさんいます。

このような状況にたいしてリプロダクティブ・ヘルス／ライツは、「女性の一生にわたる性と生殖に関する権利」を女性自身のものとして“自分で決め、それを保障していく”ことの大切さを意味しています。

それは同時に、自分の責任として背負っていく力をつけていくことが必要だということです。

セクシュアリティはさまざま

　ヒトの性と生のあり方を**セクシュアリティ**といいます。セクシュアリティは、一人ひとり違っています。

●あなたは誰が好きですか？

　自分自身が好きな人、男性が好きな人、女性が好きな人、男性女性どっちも好きな人。性別でなく性格が好きな人、背の高い人がいいと思う人、背の低い人がいいと思う人、がっちりした人がいいと思う人、柔らかい人がいいと思う人。声の高いほうが魅力があると思う人、声の低いほうが魅力があると思う人など、私たちが好きになる相手はさまざまで、一人ひとり好みが違っています。

　どれが一番いいということはありません。その人にとっていいものがいいのです。

　私たちが恋愛したり、ふれあいたいと感じる性的対象の方向を**性的指向**といいます。

　同性が好きなことを**同性愛**（**ホモセクシュアル**）、異性が好きなことを**異性愛**（**ヘテロセクシュアル**）、性別にかかわりなくどちらも好きになることを**両性愛**（**バイセクシュアル**）といいます。

　同性愛のうち、自分が女性で女性が好きな人のことを

レズビアン、自分が男性で男性が好きな人のことを**ゲイ**といいます。好きな人に出会えたり、恋愛したり、ふれあったり、一緒に過ごしたりするのはとても幸せなことです。幸せの形はそれぞれ違っていて、それぞれがすばらしいものです。

社会では異性愛の人が多くて、「女性は男性を好きになるものだ」と思われていますが、必ずしも全員が全員、そうだということではありません。同性愛の人も両性愛の人もいます。

でも、異性愛が当然と思われているなかでは、なかなか本当のことを言えなかったり、異性愛のふりをせざるをえなかったりします。同性愛や両性愛の人がそのことをまわりに告げない状態を**クローゼット**（押し入れという意味）、まわりに告げることを**カミングアウト**、または**カムアウト**（押し入れから出るという意味）といいます。

よく考えれば、「全員異性愛が当然」でなく、「同性愛も両性愛も当然」と社会全体が思っていれば、隠そうか言おうか迷ったり悩んだりしないわけですよね。

それぞれの人の「好き」が違うということを大切にして、当たり前に話せる社会にしたいものです。

●あなたはどんな性を生きていますか？

私たちの性別にはからだの性（**性別、sex**）とこころの性（**性自認、gender identity**）という２つの要素があります。

あなたの性別は何ですか。

女性？

それはなぜ？

物心ついたころから女の子として育てられてきたから？

おちんちんがないから？

気持ちが女性だから？

一般に、女のからだで生まれると女の子として育てられ、自分のことを女性と感じ、男のからだで生まれると男の子として育てられ、自分のことを男性と感じます。しかし、女のからだで生まれても、自分のことを男性だと感じる人もいます。男のからだで生まれても、自分のことを女性だと感じる人もいます。

こころとからだの性別の不一致に悩むことを**性同一性障害**（Gender Identity Disorder、**GID**）といいます。そして、こころとからだの不一致感がひじょうに強く、からだを手術（性別適合手術）してこころに近づけたいと感じる人を**トランスセクシュアル**（**TS**）といい、からだの性と違う性を生きたいと考える人を**トランスジェ**

ンダー（TG）といいます。

トランスジェンダーのなかでも、からだを変えることは望まず、生き方や周囲からの扱われ方をこころの性に合わせるだけでいいと考える人もいます。これを狭い意味でのトランスジェンダーといいます。

また、からだの性（性別）は生まれたときにペニスがあるかないかで判断されます。

しかし、私たちのからだは男女の基本的な構造は同じです。胎児の成長の過程で女性型や男性型の性器に分かれていくため、その過程のなかで、遺伝子やホルモンの影響で男性にも女性にも分化しないで生まれてくる赤ちゃんもいます。ペニスが小さかったり、クリトリスが大きかったり、卵巣や精巣がどちらにも分かれていない場合、この状態を**半陰陽（インターセックス）**といいます。

そして、ペニスがなくても自分のことを男性だと思う人もいます。ペニスが小さかったり、クリトリスが大きかったり、肉体的に男性でも女性でもない人もいます。からだは女性でも、気持ちのうえでは男性でも女性でもないと感じる人もいます。

●自分らしい性ってなに？

私たちのからだの形はさまざまです。背の高い人や低い人、体重が重い人や軽い人、鼻のとがった人や広がった人、長い指の人や太い指の人など、みんなそれぞれ違います。

だから、性器の形も一人ひとり違います。クリトリスとペニスは同じものからできていて、赤ちゃんが育っていくなかでクリトリスの大きくなる場合も小さくなる場合もあります。また、小《しょう》いん唇《しん》、大いん唇の大きさや形もまちまちです。

このように、からだの性はさまざまなのです。

それぞれのからだの性は、それぞれの人にとって大切なものです。自分のからだ、自分の性は自分のものなのです。

また、私たちのこころの性のあり方（性自認）もさまざまです。自分のことを男っぽいと感じる人、女らしいと感じる人、中間ぐらいかなと感じる人、どちらでもなく自分のこころは性別にかかわりないと感じる人など、いろんな人がいます。

これまでの社会では、からだやこころの性の多様性を認めず、ヒトは必ず男か女のどちらかのからだに生まれ、男の子は男らしく、女の子は女らしく育つものと考えられてきました。これを**性別二元論**といいます。

また、男は必ず女を好きになるもの、女は必ず男を好きになるものだという考え方は、そうでない人にたいして大きな圧力になってきました。これを**強制異性愛**といいます。

この性を完全に2つに分ける枠組みや、異性愛の枠組みにはまらない人びとを**性的少数者**（**セクシュアル・マイノリティ**）といいます。性的少数者は社会が当たり前としてきた男女の枠組みにはまらないので、本当のことが言えなかったり、無理に女のふりや男のふりをして生きてきました。自分らしい生き方がさまたげられてきたのです。 （➡22ページを見てね）

でも、本当は性は多様なのに、こういった枠組みにはめてしまうことは正しいことでしょうか？　それぞれの人が自分らしい性を生きられる社会のほうが幸せな社会ではないでしょうか。

また、私たちのこころのあり方もさまざまです。私のこころは自由、私のこころは私のものです。

このように私たちのこころの性のあり方もさまざまで、それぞれの人がその人らしく生きたいのです。女のからだなんだから女らしく、男のからだなんだから男らしくと周囲が強制することはできません。

●なかまをつくろう

こころとからだの性のあり方がさまざまであることや、好きになる相手が異性とはかぎらないことなどの情報がこれまで少なかったため、性的少数者は孤立してきました。

自分の性別に違和感があっても、こんなふうに感じるのは、この世の中で自分だけだと考えたり、同性に恋しても自分は異常だ、同性愛者はほかにはいないと考えてきたのです。自分の本当の気持ちを話せる友人がいなくて、さびしい思いで青春時代を過ごす人もいます。

しかし、最近では性的少数者に関していろいろな情報が広がり、これまで自分一人で悩んできた人が、なかまに出会うことで孤独感から解放されてきました。そんなに異常なことでなく、こころとからだの性は人それぞれ多様だと自分の性を受け入れられたり、友人や恋人を見つけて将来について語りあえるようになってきています。

同じ問題をかかえた人どうしが集まり、支えあって問題の解決をめざすグループを**セルフヘルプ・グループ**（**自助グループ**）といいます。性的少数者のセルフヘルプ・グループを次に紹介します。あなたやあなたの友人が情報を必要としているようなら、ぜひこれらのグループに連絡をとってみてください。

電話相談

「ジェンダー・セクシャリティー クライシスセンター」
➡性別・性などに関する悩み相談
〒534-0022　大阪市都島区都島中道3-14-31　TEL＆FAX　06-6925-5780
電話相談　第２・４土曜13〜17時
面接相談　第１・３金曜19〜21時（予約のみ）

「HIVと人権・情報センター」➡レズビアンによる相談
TEL　03-5259-0259（毎月第２・第４日曜19〜21時）

「woman/femaleホットライン」
➡バイセクシュアル、レズビアン、トランスジェンダー
TEL　070-6285-1085(毎月第２日曜13〜16時)

当事者団体

「LOUD」➡20歳以上のレズビアンとバイセクシュアル女性
〒164-0001　東京都中野区中野5-24-16 中野第２コーポ601
TEL＆FAX　03-3319-3069
さまざまなレクリエーションを企画して楽しむアットホームなサークルです。住所、氏名を書いた返信用封筒を同封してください。

「NPO法人アカー（動くゲイとレズビアンの会）」➡レズビアン
〒164-0012　東京都中野区本町6-12-11 石川ビル２Ｆ
TEL　03-3383-5556　FAX　03-3229-7880
E-mail　occur@kt.rim.or.jp　ホームページ　http://www.occur.or.jp
電話相談　TEL03-3380-2269（第１・３日曜13時〜16時）

「FTM日本」➡性同一性障害
〒123-0845　東京都足立区足立西郵便局留 FTM日本
会報１冊1200円　問い合わせ：上記住所にご連絡ください。

「TSとTGを支える人々の会（Trans-Net Japan)」➡トランスジェンダー、トランスセクシュアル
E-mail　tnjapan@yahoo.com
ホームページ　http://www.geocities.com/tnjapan

「れ組スタジオ・東京」➡レズビアン
〒162-0067　東京都新宿区富久町8-27 ニューライフ新宿東305 ジョキ内
TEL＆FAX　03-3226-8314

「OLP」➡レズビアン
〒530-0015　大阪市北区中崎西1-1-7 トーカンマンション408　QWRC気付 OLP
ホームページ　http://www.geocities.co.jp/Milkyway-Lynx/1671/
レズビアンを中心にセクシュアリティーの問題を考えているグループ。

「PESFIS・日本半陰陽者協会」➡インターセックス
〒564-0042　大阪府吹田市穂波町4-1 吹田郵便局留
PESFIS・日本半陰陽者協会大阪本部事務局（母親の会もあり）
E-mail　pesfis@pb.highway.ne.jp
ホームページ　http://home3.highway.ne.jp/〜pesfis/index.html

ワーク

みんな違って、みんないい

私たちのセクシュアリティ（性と生のあり方）はさまざまです。からだの性、こころの性、性的指向、どれをとっても人それぞれです。

たとえば、女性のからだだけど、気持ちは少し男っぽいようなところもある。好きになるのは、男も女もどっちもという人は下のようになります。

①からだの性　　女○・・・・・・・・・男
②こころの性　　女・○・・・・・・・・男
③性的指向　　　女・・・・○・・・・男

からだは女性だけどおっぱいの大きさとか二次性徴まで考えると女性らしい体型じゃなくて、こころは女性で、男性が好きだけど少し女性にひかれることもあるという人は下のようです。

①からだの性　　女・○・・・・・・・・男
②こころの性　　女○・・・・・・・・・男
③性的指向　　　女・・・・・・・・○・男

なかには、とくに誰にも性的な欲求をもたず、③に○をしない人（Aセクシュアル）もいます。

（➡80ページを見てね）

●では、次の図に自分のセクシュアリティを記入してみましょう。

①からだの性　女・・・・・・・・・・・男

②こころの性　女・・・・・・・・・・・男

③性的指向　女・・・・・・・・・・・男

自分のことを記入しながら気づいたでしょうか。

①も②も③もどこにでも記入できるから、いろいろなパターンが描けます。

半陰陽の人の場合

①からだの性　女・・・・○・・・・男

性同一性障害の人の場合（反対の場合もあります）

①からだの性　女○・・・・・・・・・男

②こころの性　女・・・・・・・・・○男

女性同性愛者（レズビアン）の場合

①からだの性　女○・・・・・・・・・男

②こころの性　女○・・・・・・・・・男

③性的指向　女○・・・・・・・・・男

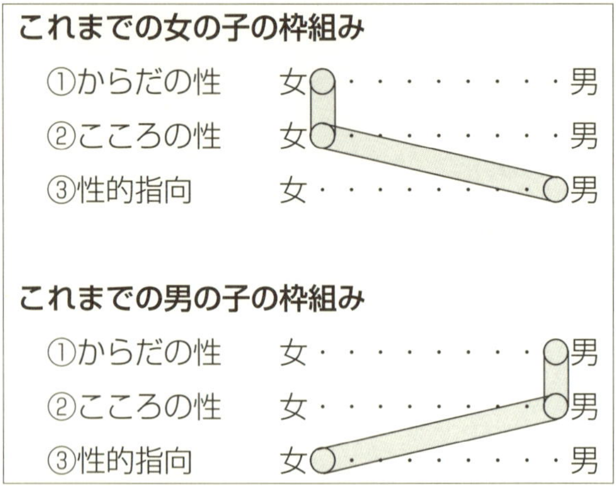
これまでの女の子の枠組み
①からだの性　女・・・・・・・・・・・男
②こころの性　女・・・・・・・・・・・男
③性的指向　女・・・・・・・・・・・男
これまでの男の子の枠組み
①からだの性　女・・・・・・・・・・・男
②こころの性　女・・・・・・・・・・・男
③性的指向　女・・・・・・・・・・・男

　これまで、上の図のような枠組みにはまろうとして、「女らしいからだにならなくちゃあ」と思ったり、「女らしくふるまいなさい」と言われたりしていたんですね。

　女は女らしくおとなしくおしとやかに男性に従うべき、男は男らしくたくましく積極的に女性を守るべきというように社会が性役割（ジェンダー）を強制することを**ジェンダーバイアス**といいます。

　上の図のようにセクシュアリティの図のパターンが女のパターンと男のパターンの2つしかないと思いこまされてきたのも、ジェンダーバイアスの影響です。

　実際の私たちの性は、背の高さがさまざまなように、いろいろなセクシュアリティのパターンがあります。まさしく性は10人いたら10個の性、十人十《じゅうにんと》色《いろ》なのです。

あなたがどんな性であれ、あなたはあなたの性を生きることができます。あなたの生き方そのものがあなたの性だといえます。

私たちはかけがえのない命をもっています。それぞれが自分のからだ、自分のこころをもち、さまざまな好きな物、好きな人があり、どれもすばらしいものです。

私たちの性は、みんな違って、みんないいのです。

生物の性もさまざま

●メスってなに？　オスってなに？

　カタツムリは雌雄同体《しゆうどうたい》（メスもオスも同じからだ）。1匹のからだに精巣《せいそう》も卵巣《らんそう》もあって、2匹が互いに精子を送り込んで双方が受精する。

ゾウリムシのように分裂で増えるものにメス・オスはない

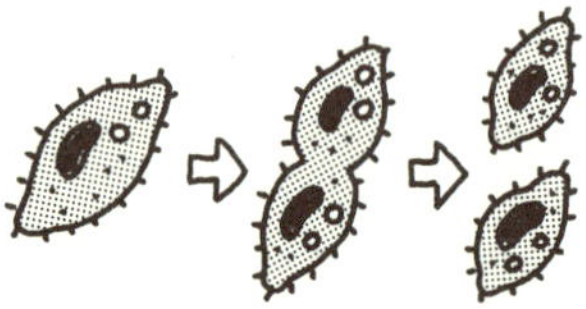

生殖《せいしょく》のとき……、

大きな配偶子《はいぐうし》（栄養があって動かない）をメスの配偶子という

小さな配偶子（運動能力がある）をオスの配偶子という

メス・オスって、配偶子の大きさの違いのこと

●性別の決まり方

性染色体《せいせんしょくたい》で決まるもの

ヒトやショウジョウバエ　ＸＸ→メス　ＸＹ→オス

（しかし、多くの動物で間性《かんせい》、性染色体でＸＯやＸＸＹがある）

性ホルモンの多様な状態のため、ほ乳類などでも半陰陽《はんいんよう》が見られる

ヒトの性ホルモン

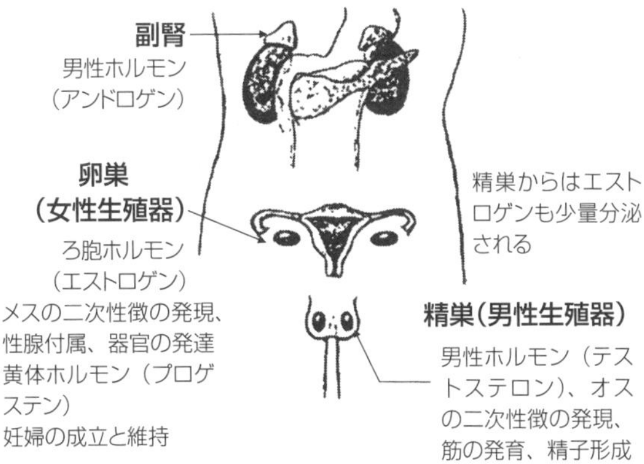
副腎
男性ホルモン
（アンドロゲン）
卵巣
（女性生殖器）
ろ胞ホルモン
（エストロゲン）
メスの二次性徴の発現、
性腺付属、器官の発達
黄体ホルモン（プロゲステン）
妊婦の成立と維持
精巣からはエストロゲンも少量分泌される
精巣（男性生殖器）
男性ホルモン（テストステロン）、オスの二次性徴の発現、
筋の発育、精子形成

＊人間は男女とも両方の性ホルモンをつくっているが量に個人差がある

多くのカメやヘビは卵が育つときの温度によって性別が決まる

さむー

あつー

●性転換《せいてんかん》ってヘン？

多くの魚類は、自然に
性別が転換する。

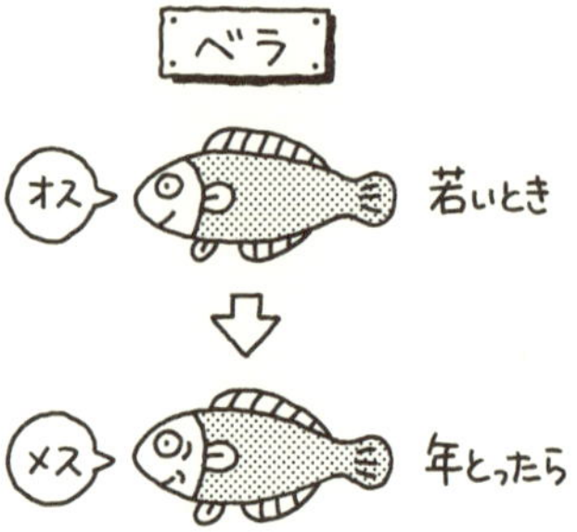

生物個体は、もともとどちらにでもなれる能力、つまり「**性的両能性《せいてきりょうのうせい》**」をもっている。

●性行動は異性間だけ？

動物の性行動は多様で、同性間での性行動は、ほ乳類にしばしば見られる。

ホカホカ

ボノボ（ピグミーチンパンジー）のメス同士が性器をこすり合わせること。群れの親和力《しんわりょく》を高めるためと考えられている

2

こころもからだも私のもの

いろいろなセックス

●セックスについて感じることは一人ひとり違うよ！

一人ひとり顔やからだつき、成長のしかた、性格などが違うように、セックスについても、感じ方やしたいこと、されたいことが違います。

また、セックスには興味がない人もいます。

このような個人的な好みを、**セクシュアル・ファンタジー**といいます。

セックスは異性どうしや同性どうしが、自分やパートナーとからだがふれあって気持ちよく感じる、からだのおしゃべりのようなものです。

また、パートナーとではなく、一人で楽しむ**マスターベーション**もあります。

最近は、いろいろな方法でセックスを楽しむ人が増えてきましたが、なによりも自分やパートナーのからだや気持ちを大切にすることが一番です。

●一人で楽しむセックス

▶マスターベーション（セルフ・プレジャー）

自分で自分のからだや性器をさわって、気持ちよく感じることをマスターベーションといいます。それは自分のこころとからだのここちよい出会いで、**セルフ・プレジャー**ともいいます。

けれどもいまだに、女の子のマスターベーションはいけないと思っていたり、からだに悪い影響があるように心配する人もいます。

プライベートな時間や場所で、清潔にしていれば問題はありません。

あなたにとってどんなことが気持ちよく感じますか？からだをとおしてそんな自分の感覚を発見していくことは、とってもステキなことです。

●パートナーと楽しむセックス

セックスはパートナーとのコミュニケーションの1つです。またセックス以外にもいろんな方法があります。自分やパートナーがイヤと思うセックスはいい関係も育ちません。お互いのからだや気持ちを思いやることが大切です。

▶異性とのセックス

女と男のセックスには、「女の子はイヤがっても、こうしてもらいたがっている」「女はこうあるべき、男はこうあるべき」という誤解があるため、女の子のほうが傷つくことが多くあります。

どんなセックスをしたいのか、したくないのか、日ごろからお互いの気持ちをたしかめあっておきましょう。

そして、セックスには性感染症や望まない妊娠の可能性もあるため、**セーファー・セックス**をこころがけましょう。 (➡34ページを見てね)

▶同性とのセックス

これまで同性どうしで愛しあうことは“異常なもの”として差別されてきましたが、自分の気持ちを素直に伝える人やセクシュアリティについて理解する人が増えてきたことで、少しずつ受け入れられるようになってきました。

人と人が安心して信頼しあう関係は、女と男の関係だけでなく、同性との関係のほうがすなおになり安心する人もいます。

同性とのセックスもセーファー・セックスをこころがけましょう。

セックスする YES？ or No？

●イヤと思うセックスには“No！”

自分やパートナーがイヤと思っているのに無理にからだをさわることは、お互いを思いやるセックスではありません。

自分にセックスする気がない場合、パートナーから求められても「セックスする気はない！　No!」という勇気が必要です。それでもパートナーが求めるようだったら、パートナーとしてふさわしい人かどうか考えなおしてみましょう。

大切な自分のからだです。自分がイヤと感じるセックスには“**No!**”とはっきり言いましょう。

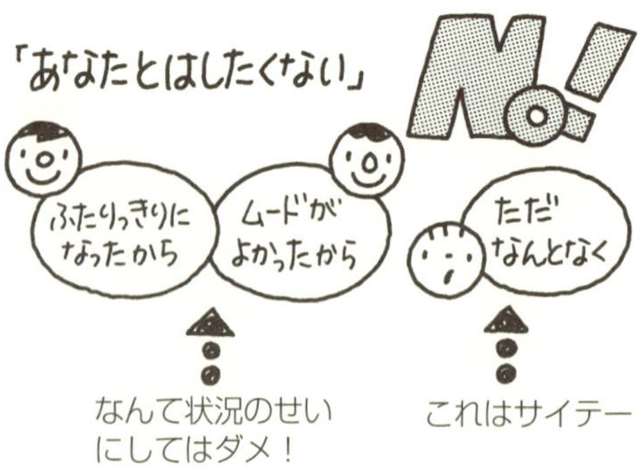

No!
「好きだけどまだしたくない」
断わったらきらわれてしまう
愛してないの?
好きならKISSしたりセックスするのはあたりまえ

あなたの気持ちはどうなるの？人のせいにしてはダメ！

なんてせまるのは、あなたの気持ちを大事にしてない証拠。そんな人とはさっさとバイバイ！

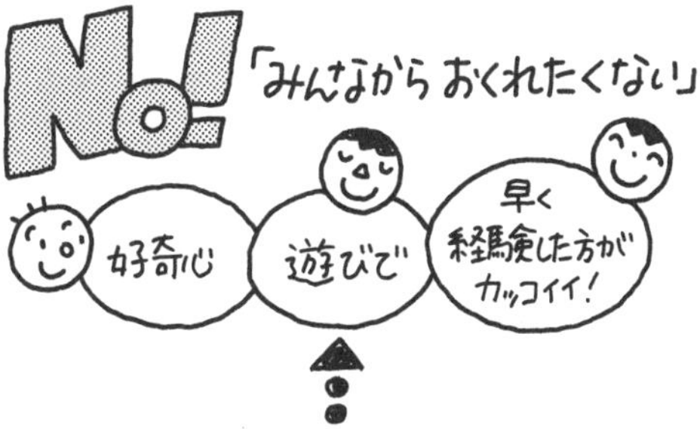
No!
「みんなからおくれたくない」
好奇心
遊びで
早く経験した方がカッコイイ!

うわさを信じてはダメ！

ひとりしかいない自分を大切に！

セーファー・セックス

●自分とパートナーを守るために！

セーファー・セックス（Safer Sex）は、“より安全なセックス”という意味です。自分やパートナーのこころやからだを守るためにも日ごろから話しあっておきましょう。

●自分とパートナーを守るには？●

①セックスではコンドームを使う！

……より安全なセックス（**Safer Sex**）

性感染症や望まない妊娠は、コンドームを正しく使うことで予防できます。でも性感染症のなかには、コンドームが役立たないものもあります。

②複数の人とセックスはしない！

……お互いに決まったパートナーとのセックス（**Steady Sex**）

自分は決まったパートナーとしかセックスしていなくても、パートナーがそうでない場合は、性感染症がうつる可能性があるため、コンドームを使うことは大切です。

③セックスはしない！

……セックス以外の方法で楽しむ（**No Sex**）

セックスをしないで楽しむ方法もいろいろあります。お互いが気持ちよく感じることを考えてみましょう。

性暴力は犯罪です！

身近な人、信頼していた自分の父親、兄弟、先生などから性暴力を受けた人が少なからずいることがようやく社会的に明らかになってきました。

学校の先生などから受ける性暴力を**スクール・セクシュアル・ハラスメント**、デートのときに親しいパートナーから受ける性暴力を**デートレイプ**といいます。夫・恋人からの暴力（**ドメスティック・バイオレンス**）のなかにも性暴力があります。

今まで性暴力の被害を誰かに話したくても話せず、自分が悪いと思ってしまうことも多くありました。勇気をもって話しても、相手にされなかったり、信じてもらえなかったりで、よけいに傷ついてしまうために、ますます話せなくなってしまったのです。そしてその心の傷が、その後の人生に大きな影響をおよぼしています。

このようなレイプ（強姦《ごうかん》）やセクシュアル・ハラスメント（性的いやがらせ、おどし）、相手がいやがるセックスを強制することは罪であるという社会になっていないことこそが問題なのです。

（➡72ページを見てね）

●もし被害にあったら……

被害を受けた人が、悪く言われることがよくあります。しかし被害を受けた "**あなたはなにも悪くない**" のです。

もし、このような被害にあったら、信頼できる誰かに相談しましょう。誰もいない場合は、こういった性暴力の被害にあった女性をサポートする団体に相談することもできます。

電話で相談できるところ

- **警察**……名称は各都道府県によって違います。
  アドレスは、http://www.napgo.jp/sousal/
- **民間団体**……東京・強姦救援センター
  03－3207－3692
  （水18～21時　土15～18時）
- **スクール・セクシュアル・ハラスメント防止全国ネットワーク**……06－6992－8012（月・水・金10～16時）
- **スクール・セクシュアル・ハラスメント関東ネットワーク**……03－5328－3260（土14～19時）
- **近くにある女性センター**……
  たとえば、大阪府立女性総合センター（ドーンセンター）06－6937－7800、大阪府女性相談センター 06－6725－8511　など。　ほかにもいろいろあるよ！

からだはさまざま

人のからだはさまざまです。

肌の色、髪の毛の色、顔、背の高さ、障害……。それぞれとてもユニークです。

どのからだも一人ひとりにとって大切ですばらしいものです。

それぞれの人が自分のからだで、すてきな人生を生きています。

シャドウ・バディーズ。入院した子どもたちのケアのためにつくられたアメリカの人形。左から、「ケガをしたお友だち」「目が悪いお友だち」「呼吸器が悪いお友だち」（トロル提供）

●あなたは自分が好きですか？
自分のどんなところが好きですか？

からだ？　顔？　目？　鼻の形？　髪の毛？　足の形？　筋肉のつき方？

あなたは自分のからだのことをよく知っていますか。

自分のからだの好きなところは、よく見たりふれたりしますね。

顔や髪の毛、手足にはよくふれるのに、自分の性器にはふれず、自分のからだのことなのに、よく知らなかったりしていませんか。

性器も顔や手と同じ大切なからだの一部です。

女の子の性器は、男の子と違って見えにくいところにあります。からだの中にある部分が多いので、自分の目で見たり、手でさわったりする機会はほとんどありません。でも、性器も大切な自分の一部であり、あなた自身のものなのです。

自分のからだを好きになるためにも、直接自分の目で見たり、さわったりして、自分の性器を知っておくことは、とても大切なことです。

●からだにふれて、からだを知ろう

女の子のからだや性器の状態は、自分のからだの成長や月経のリズムとともに変化します。

そんな自分のからだの変化を知っておくためにも、性器を鏡にうつして見ましょう。

日ごろの性器の状態を知っておけば、いつもと違うことがあったとき、自分でチェックすることができます。

性器のようすといっても上からは見えにくいですね。自分一人のときに落ち着いて、手で広げて鏡を使って見てみましょう。

（➡内性器は、47ページを見てね）

●性器のようす

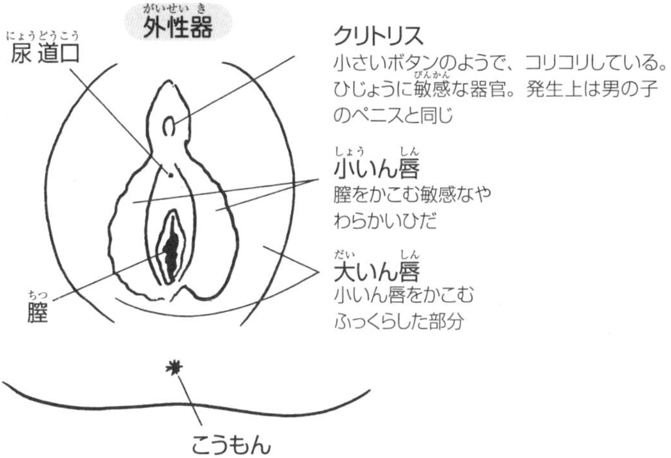
外性器《がいせいき》
尿道口《にょうどうこう》
クリトリス
小さいボタンのようで、コリコリしている。ひじょうに敏感《びんかん》な器官。発生上は男の子のペニスと同じ
小《しょう》いん唇《しん》
膣をかこむ敏感なやわらかいひだ
大《だい》いん唇《しん》
小いん唇をかこむふっくらした部分
膣《ちつ》
こうもん

小《しょう》いん唇《しん》の形や大きさはさまざまで左右が同じでない場合もあります。**クリトリス**の大きさや形も個人差があります。

性器全体の色は表面が黒っぽく内側がピンクですが、色合いや濃さは個人差があります。

膣《ちつ》の大きさや奥行きにも個人差があります。

膣の分泌液の粘りやにおいも個人差があり、また体調によっても変化します。

●からだのでき方――女も男も、もとは同じ

命は卵《らん》と精子《せいし》の受精《じゅせい》からはじまります。

受精卵のなかに遺伝子や染色体があり、遺伝子や染色《せんしょく》体《たい》の情報を使って私たちのからだの形がつくられていきます。

染色体のうち、性別の決定に関係する染色体を**性染色体**といい、Ｘ染色体とＹ染色体があります。

（➡45ページを見てね）

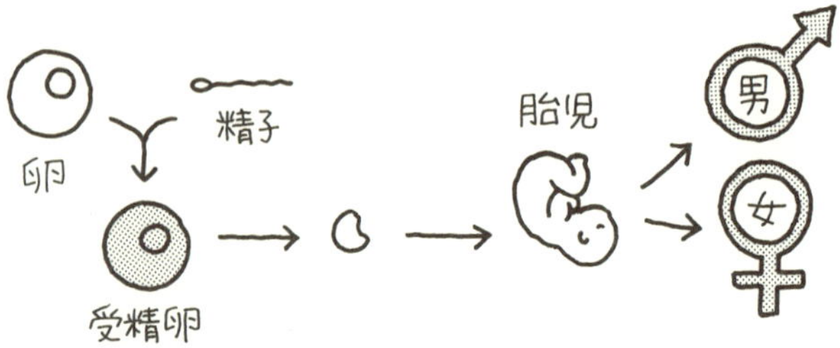

受精卵が分裂し、お母さんの体内で胎児が成長するとき、最初の性腺《せいせん》（卵巣や精巣のもと）は男でも女でもなく共通の構造をしています。その後、性染色体の遺伝情報にしたがって、卵巣や精巣に分かれていきます。

私たちのからだの構造の基本形は女性型に近いので、Ｙ染色体の男性化遺伝子がなければ、赤ちゃんの性器はそのまま女性型になっていきます。性染色体がＸＸなら性腺は卵巣に発達し、外性器は膣とクリトリスになるのです。

一方、Ｙ染色体がある場合、つまり性染色体がＸＹなら精巣がつくられていきます。また、精巣ができたあと、精巣ではアンドロゲンという男性化ホルモンがつくられ分泌されます。赤ちゃんの外性器はこのホルモンの影響で男性化し、小いん唇が閉じ、クリトリスが大きくなってペニスができてきます。

同じ構造からつくられる性器

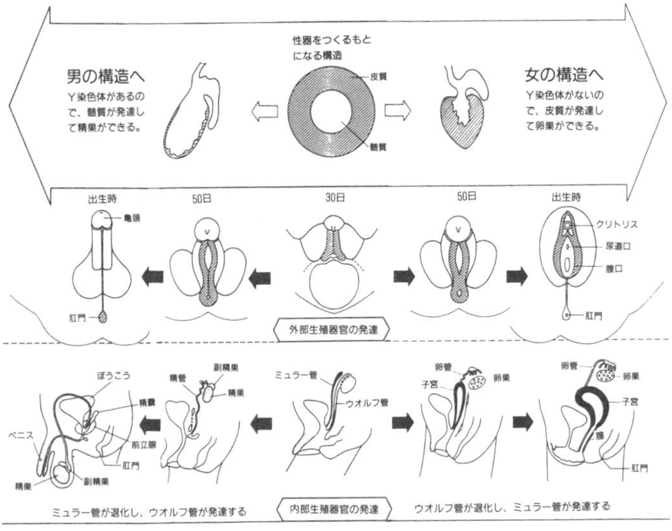

（熊本悦明『アダムとイブの科学』光文社より作成）

●からだの構造もさまざま――半陰陽という性もある

遺伝子やホルモンの出る量やホルモンの影響の受け方に違いがあるため、性の分かれ方もさまざまになり、典型的な男性型、女性型でない性器をもった赤ちゃんも生まれてきます。中間的な性器の形をもった人を**半陰陽**（**インターセックス**）といいます。大きなクリトリスをもった人、ペニスが小さくその下の膣が閉じていない人、性腺が卵巣か精巣に完全に分化していない人などです。

半陰陽は長い間一般の人びとにその存在を知られないできました。それは、私たちが性は男性と女性しかないと思いこんできたため、半陰陽の人の存在を無視してきたためです。

多くの半陰陽の人は、出生後すぐや幼少期など本人の知らないうちにどちらかの性に手術され、その事実が本人に隠されてきました。そのため、大きくなってからの性自認にくいちがいが出たり、手術のあとの痛みが残ったりと、本人に大きな苦しみを与えるケースも多くありました。

最近では、本人がどちらかの性を選べるまで大きくなるのを待つか、選ばないで半陰陽のままという生き方も認めるべきだという考えも出てきています。

あなたは今まで、知り合いの人に子どもが生まれたとき「男の子、女の子、どっち？」と聞いてきませんでしたか。どちらとも決められない人もいることを心にとめておいてください。

どのようなからだの性器であっても、その人にとってはかけがえのない性、かけがえのないからだです。どれが完全でどれが不完全、ということはありません。あなたの性はあなたのものです。

同じ構造からつくられる性器

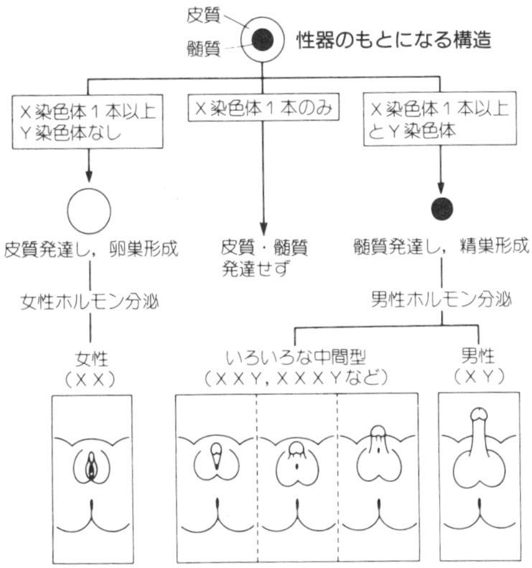

皮質
髄質
性器のもとになる構造
X染色体1本以上
Y染色体なし
X染色体1本のみ
X染色体1本以上
とY染色体
皮質発達し，卵巣形成
皮質・髄質
発達せず
髄質発達し，精巣形成
女性ホルモン分泌
男性ホルモン分泌
女性
（XX）
いろいろな中間型
（XXY，XXXYなど）
男性
（XY）

（前出・熊本悦明『アダムとイブの科学』より作成）

知ってる？　からだのリズム

思春期には、女の子の場合、女性のからだに変わっていきますが、その変化はゆっくりの人もいれば、急に変わっていく人などいろいろです。

なかでも大きなできごとは、**月経**（**初経**《しょけい》）が始まることです。月経は50歳前後になると、だんだんこなくなります（**閉経**《へいけい》）。この時期のことを“**更年期**《こうねんき》”といいます。

この思春期と更年期の女性のからだの変化はとても大きいので、こころも不安定になります。それがとてもつらいときは、誰かに相談してみましょう！

●月経のしくみ

排卵と月経のリズムがひと月ごとに規則的にくりかえすようになるのは、人にもよりますが、10代の終わりごろです。

このリズムをもっていても、子どもができないこともあるし、すすんで産まない選択をする人もいます。子どもを産んでも、産まなくても、自分のからだのリズムを知ってうまくつきあっていきましょう。

（➡外性器については、41ページを見てね）

内性器と月経のしくみ

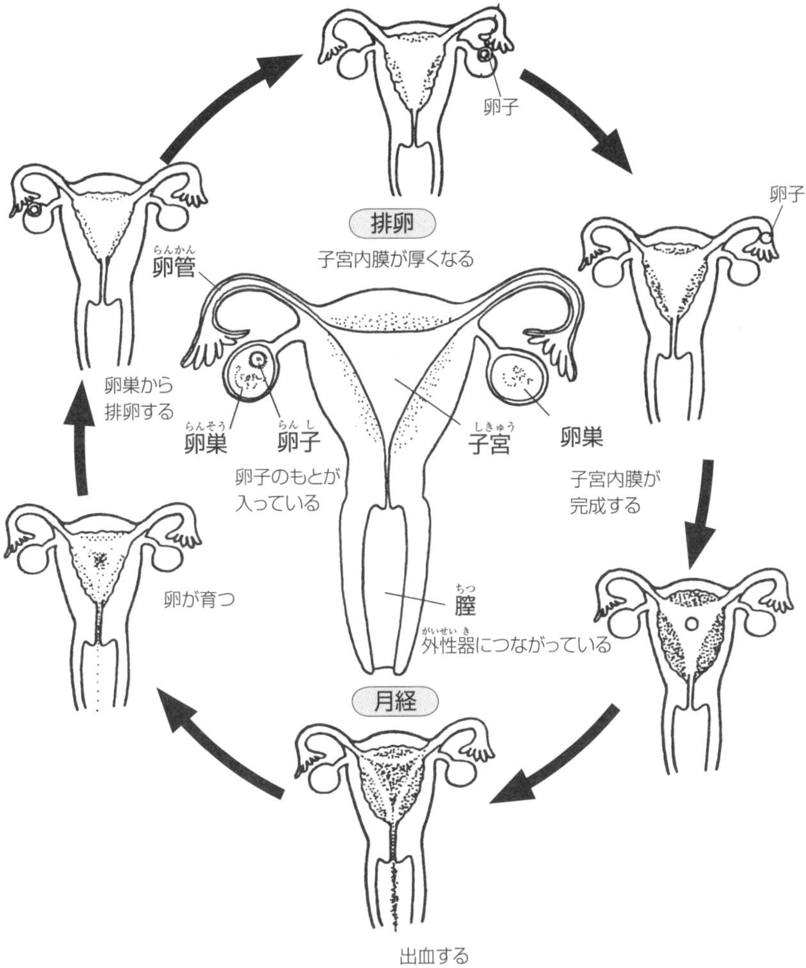
卵子
卵子
排卵
子宮内膜が厚くなる
卵管《らんかん》
卵巣から
排卵する
卵巣《らんそう》
卵子《らんし》
子宮《しきゅう》
卵巣
卵子のもとが
入っている
子宮内膜が
完成する
卵が育つ
膣《ちつ》
外性器《がいせいき》につながっている
月経
出血する

月経が始まらない……

思春期にはいろいろなからだの変化がおこり、さまざまなサインをだします。そのため多くの女の子は、"自分のからだがいつもと違う"というとき、それが病気なのか、なんでもないことなのかがわからなくて心配します。

ほとんどが心配のない排卵前のおりものや、ホルモンのバランスがみだれておこる月経にかかわる悩みです。

でも、なかには治療を必要とする場合もあります。

(➡76～79ページを見てね)

●初経がなかなか始まらない

初経の始まる時期も一人ひとり違いますが、高校生の年代になっても始まらない場合は、産婦人科で相談してみましょう。

●いろいろな月経の症状

▶機能性出血

月経がとまらず、長くダラダラ続いたりする場合は、貧血がひどくなります。

▶月経困難症

月経の直前からおなかや腰が痛くなって、1～2日ほど痛み止めがいる場合。このなかには、子宮内膜症《しきゅうないまくしょう》、子《し》宮《きゅう》筋腫《きんしゅ》などの疑いがあります。

▶続発性《ぞくはつせい》無《む》月経《げっけい》

月経の悩みでいちばん多いのが、数カ月以上、月経がこない無月経の悩みです。

月経はちょっとしたことでもこなくなるので、すぐに異常とはいえませんが、3～6カ月以上こない場合は、産婦人科を受診してみましょう。

・ダイエットをしすぎた場合

体重やスタイルを気にしすぎて過激なダイエットで食べる量を少なくすると、からだのバランスをくずし、ほとんどの場合、月経もこなくなってしまいます。

さらに栄養失調になってもダイエットをやめないでいると「**摂食障害（拒食症）**」という病気になり、命にもかかわってきます。これはからだの病気というよりも、こころの病気ともいわれ、心療内科、内科、産婦人科などで治療していく必要があります。

また若いときにダイエットをしすぎた影響が、年をとってからあらわれることもあります（骨《こつ》粗《そ》しょう症《しょう》など）。

（➡73ページを見てね）

・ストレスや急激な環境の変化があった場合

月経は日常の生活とも深い関係があります。たとえば、受験勉強や過激な運動のしすぎ、睡眠不足などのストレスの多い生活、また身近な人の死や家族の問題、失恋などの精神的なショックでも月経がこなくなることがあります。

長い間、月経がない状態が続くと、いざ治療を始めても、もとにもどらないことが多くあります。あまり長く放っておかずにドクターに相談してみましょう。

●妊娠の可能性がある場合

セーファー・セックスでないセックスで月経がおくれるようなことがあれば、妊娠の可能性を考える必要があります。

コンドームなどで避妊をしていても、失敗することもあるので安心はできません。

・**妊娠をすると**……月経がとまる、乳房がはれる、食べ物の好みがかわるなどの変化が起こります。月経不順の人は気がつくのがおそくなるので、日ごろから体調の変化に注意をしておきましょう。

・**妊娠をしているかを知るには**……薬局などで売っている**妊娠判定薬**で調べることができます。調べるには、月経の予定日を2～3週間すぎてから検査をして、プラス（妊娠している）の結果がでたら、すぐに産婦人科に行くことが大切です。

また、マイナスの結果がでて、さらに1～2週間たっても月経がこない場合は、もう一度検査をしてみましょう。ほかにも原因があるかもしれないので、心配なときは必ず産婦人科をたずねて、相談してみましょう。(➡76ページを見てね)

・**妊娠だったら**……子どもを産むか産まないか、2つに1つしかありません。もし望まない妊娠の場合、今、子どもを育てられる環境にあるのかどうかパートナーといっしょに話しあうことが大切です。また身近な人や相談機関などに相談してみましょう。

（➡57ページを見てね）

産めないときは、妊娠を途中で中止する**人工妊娠中絶**というきびしい選択しかありません。中絶手術は女性にとってからだもこころも傷つくだけでなく、パートナーとの関係にズレがでてきたり、大切な命をうばったという罪悪感が生まれることもあります。

●人工妊娠中絶は、いつごろまでできるの？

・**妊娠12週くらいまで**……子宮のなかの胎児《たいじ》をかき出す（掻爬《そうは》）、または吸い出す（吸引《きゅういん》）方法で人工流産させます。

・**妊娠12週を過ぎると**……人工流産ではなく人工死産《じんこうしざん》として死産届けをだし、胎児を埋葬《まいそう》します。

・**妊娠22週を過ぎると**……中絶はできません。

＊妊娠週はセックスした日ではなく、最終月経が始まった日から何週たったかを意味します。

●月経のときのようすは、一人ひとり違います

命が生まれるとき

月経をむかえた女の子にはいろいろな可能性がありますが、子どもを産む、産まないことについて決めるのはあなた自身です。

なかには、子どもがほしいと思ってもなかなかできないカップルもいます。子どもがほしいと考えてから約1年以上できない場合を“不妊”といいますが、原因は女性だけでなく男性にもあります。

不妊も1つの状態で、そのままでもいいし、子どもがほしい場合にもいろんな方法があります（養子縁組、不妊治療……ホルモン療法、人工授精など）。

●卵《らん》と精子《せいし》が出会ったら？

セックスで膣内に射精をすると、何億（約3億）という精子が子宮を通って、卵管へと泳いでいき、そこで卵と出会います。これを**受精《じゅせい》**といいます。

このように1つになった卵と精子を**受精卵**といい、この受精卵は細胞分裂をくりかえしながら、子宮へと移動し、赤ちゃんへと育っていきます。

でもなかには、赤ちゃんがうまく育たなかったり、お母さんの調子が悪くなるなどの原因で、生まれないこともあります（流産）。

胎児が子宮で大きくなるようす

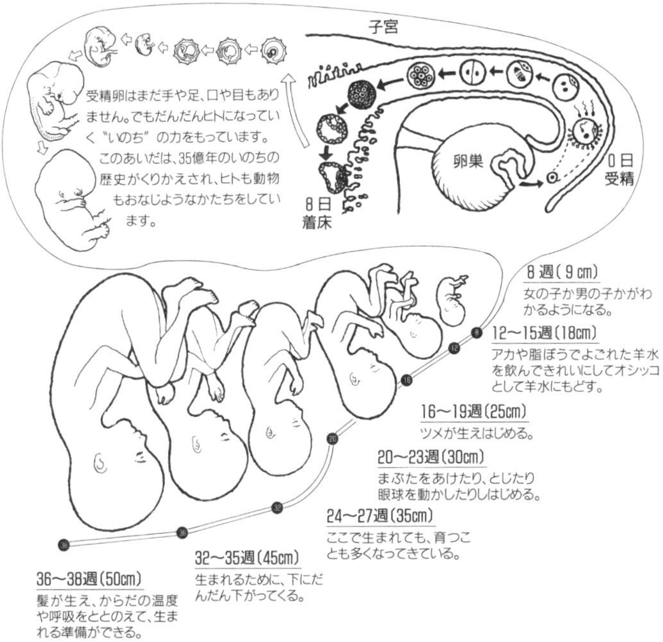
子宮
受精卵はまだ手や足、口や目もありません。でもだんだんヒトになっていく“いのち”の力をもっています。
このあいだは、35億年のいのちの歴史がくりかえされ、ヒトも動物もおなじようなかたちをしています。
卵巣
0日
受精
8日
着床
8週（9cm）
女の子か男の子かがわかるようになる。
12〜15週（18cm）
アカや脂ぼうでよごれた羊水を飲んできれいにしてオシッコとして羊水にもどす。
16〜19週（25cm）
ツメが生えはじめる。
20〜23週（30cm）
まぶたをあけたり、とじたり眼球を動かしたりしはじめる。
24〜27週（35cm）
ここで生まれても、育つことも多くなってきている。
32〜35週（45cm）
生まれるために、下にだんだん下がってくる。
36〜38週（50cm）
髪が生え、からだの温度や呼吸をととのえて、生まれる準備ができる。

避妊方法はいろいろあるよ

●避妊は２人の責任！

避妊が必要になったときは、避妊の正しい知識をもって、自分たちがどんな方法を選び、実行するかを考えなければなりません。なにより大切なのは、パートナーときちんと話しあうことです。

避妊は、２人にとって、とても大切な問題です。避妊について、ちゃんと話しあえないようなら、けっしていいカップルとはいえません。

避妊は２人の責任です。すべてを男の子にまかせるのではなく、ちょっと恥ずかしいかもしれませんが、女の子自身も準備をしておきましょう。

●望まない妊娠をしないために●

・**安全日はない**……月経のリズムはちょっとしたストレスでも変化するので、排卵日も一定ではありません。毎日が危険だと思ったほうがいいでしょう。

・**膣外射精**《ちつがいしゃせい**》**（**外だし＝膣からペニスを出して射精すること**）……これは**避妊法ではありません。**射精の前にも精子の入っている体液が出ることがあるので、これも危険です。

避妊の方法はいろいろありますが、最もかんたんで確実なのがコンドームです。

現在では男性用だけでなく、女性用もありますが、セックスのときにあわてて失敗しないようにするためには、使い方の練習をしておきましょう。（➡58〜61ページを見てね）

●緊急避妊法●

どうしても……の最終手段

暴力や脅迫《きょうはく》などでセックスを強要された（レイプなど）ときや、コンドームが破れたり外れたりして避妊に失敗した“望まない妊娠”を避ける最後の手段として、「緊急避妊法」があります。

・72時間以内に産婦人科へ

セックス後、72時間以内に対処することで妊娠を中止することができます（ただし、副作用があります）。何度も使う避妊法には適さず、あくまでも緊急の処置です。

電話で相談できるところ

・思春期妊娠危機センター（APCC）

06－6761－1115（祝日を除く月〜金10〜17時）

・子ども110番（提供トヨタ自動車）

03－3470－0110
052－962－0110（祝日を除く月〜土17〜21時）

コンドームの話

●こんなことに注意！

　セーファー・セックスにとって必要なコンドームには、男性用（ペニスにかぶせる）と女性用（膣《ちつ》に挿入《そうにゅう》する）があります。

　両方とも正しいあつかい方や使い方をしないと、ときどきやぶれることや、とちゅうではずれることがあります（正しい使い方は、日ごろの練習が大切）。

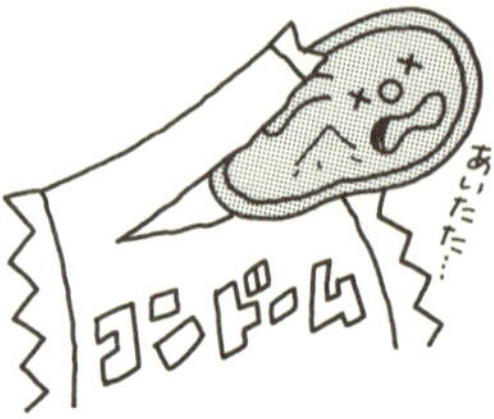

開けた部分は完全に切り離して！　断面で傷つくことがあるから、爪は立てないでね

えっ、お財布に入れているの？　財布の中のコンドームはいろんな摩擦で傷つきます。そうした傷が破れる原因になるので、固いケースに入れましょう

２枚重ねにするとじょうぶ？　摩擦で破れやすくなるからダメ！

●男性用コンドームの正しい使い方（ペニスにかぶせる）

①

コンドームを使うことに決める

②

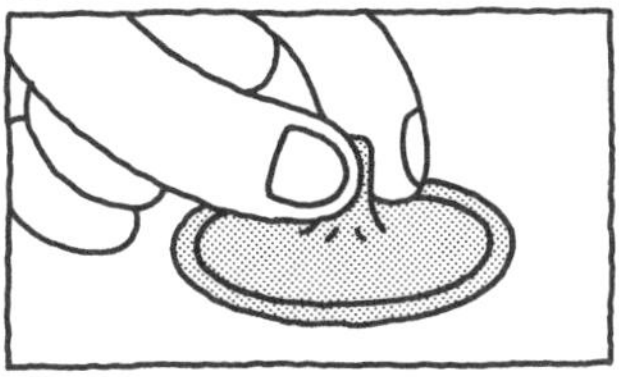

コンドームの精液だめをつまんで空気をだす

③

コンドームのふちをもち、ペニスの根元までおろす

④

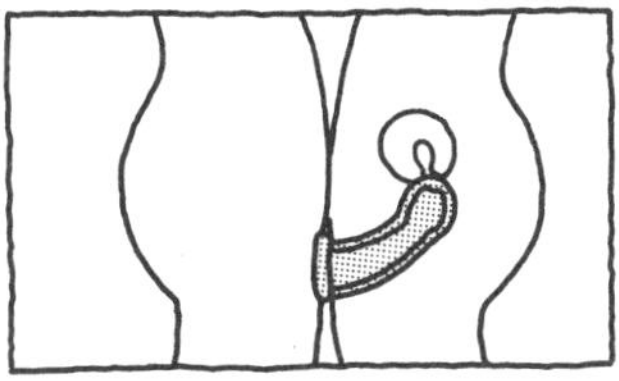

インターコース
（ペニスの挿入）

⑤

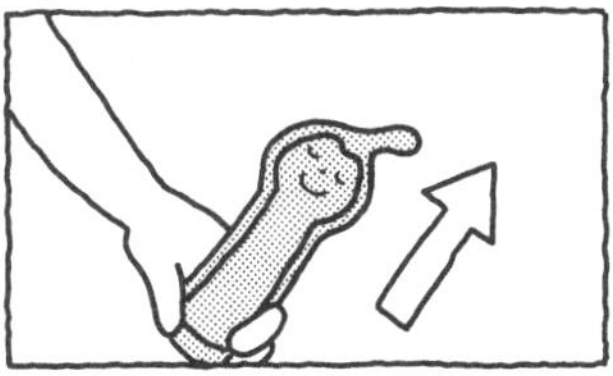

根元をもってすぐにぬく

⑥

コンドームを結び、ティッシュにつつんで捨てる

●自分のからだを守る！

パートナーに“コンドームを使ってほしい”と言えずに、性感染症や望まない妊娠をすることがよくあります。

自分のからだを守るために、女性用コンドーム（膣に挿入する）を使うのも有効な方法です。

女性用コンドーム（マイフェミィ）は、1984年にイギリスで開発されました。日本では2000年４月から発売しています。

女性用コンドーム

①	素　　材	ポリウレタン
②	つけるとき	セックスの７時間前から可能
③	はずすとき	射精後いつでもよい
④	種類やサイズ	ワンサイズ
⑤	値　　段	３個で８００円ぐらい
⑥	売っている場所	大型スーパーやチェーン店の薬局
⑦	使用期間	４～５年（必ずJISマークのついたもの）

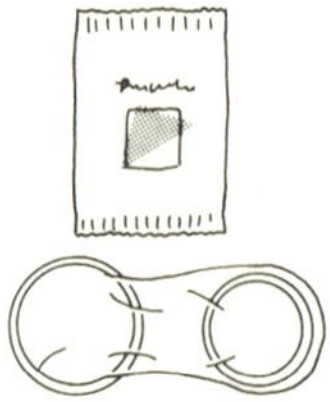

●女性用コンドームの正しい使い方

（ふだんから練習しておくことが大切！）

①

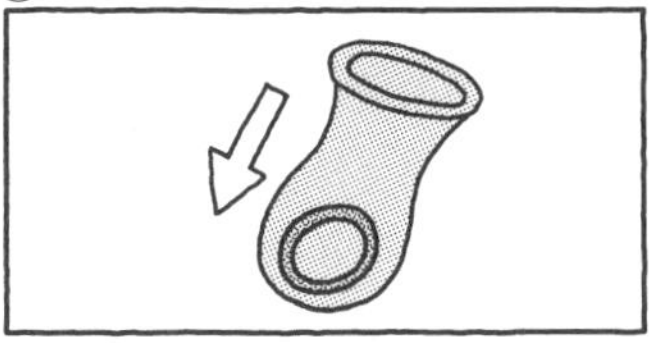

外リングを上にして、内リングを底部に移動させる

②

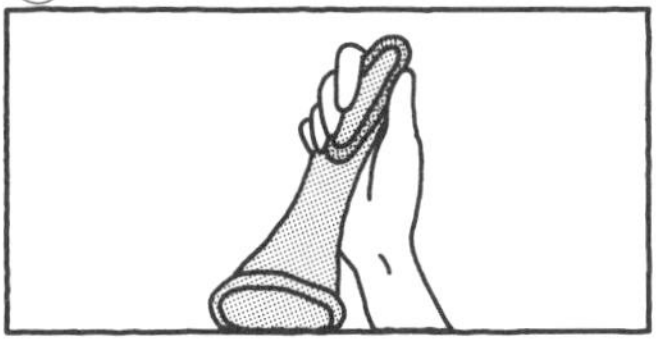

内リングを外側からもち、外リングを下にたらす

③

手で膣口を広げ、内リングを膣のなかに挿入する

④

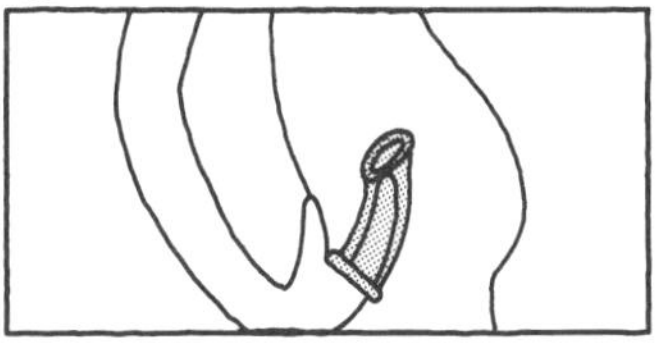

内リングの大部分を挿入したら人差し指をコンドームのなかに挿入して、内リングをおしこむ

⑤

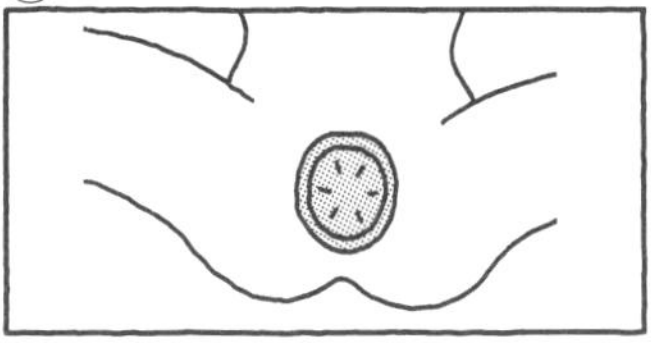

外リングを外性器部にかぶせる

⑥

コンドームをティッシュにつつんで捨てる

＊男性用コンドームといっしょに使うと、やぶれやすくなるのでやめましょう！

性感染症のこと、知ってる？

●とくに女の子はうつりやすいので要注意！

性感染症はセックスによって人から人へうつる病気のことで、今、若者に広がっています。

とくに女の子はからだの構造上うつりやすく、症状もほとんどないため、気がつかない人も多くいます（とくにクラミジアに感染している人が増えています）。

また男女にかかわらず性感染症にかんする知識や関心もほとんどなく、自分とは関係がないと思っています。そのため予防（セーファー・セックスや性感染症の検査など）についての意識もあまりもっていません。そして、気がつかないうちにパートナーに性感染症をうつしたり、うつされたりする可能性があります。

しかし、性感染症は検査をすることによって感染しているかどうかがわかり、早く治療すればほとんどが治ります。

性感染症にかかっていることがわかった場合は、パートナーといっしょに治療する必要があります（女性は**産婦人科**、男性は**泌尿器科**）。

最近では、若者のなかに複数の人とセックスをする人が増えてきていることからも、セーファー・セックスをこころがけることが大切です。

＊近年、症状が性器以外に現れたり、自覚症状のない病気が増えてきたことから、性感染症をSTD（Sexually Transmitted Diseases）からSTI（Sexually Transmitted Infection）とあらわすようになりました。

若者のほとんどが性感染症のことを……

知らない

気がつかない

話さない

治療しない

などの状況があります。

●HIV/AIDSも性感染症の１つだよ！

国が毎年おこなっている調査では、感染者が年々増加し、とくに若者に広がっていることが大きな問題となっています（同性間、異性間ともに）。

そして、その多くの人が**AIDS**を発症してはじめて自分が**HIV**に感染していることに気づくケースが増えています（ほかの性感染症にかかっているとHIVにさらに何倍も感染しやすい）。

●HIV/AIDSとは●

HIV感染症はHIVというウィルスによってからだの「免疫（病気からからだを守る働き）」がじゅうぶんに働かなくなって抵抗力が弱くなり、いろいろな病気や症状がでることによってはじめて「AIDS」と診断されます（HIV＝AIDSではない）。

現在はHIVに感染した人すべてがAIDSを発症するとはかぎらないことがわかり、また早く発見し治療を開始することで、AIDSの発症を遅らせることができるようになりました。

HIVに感染しているかどうかを確かめるには、「**HIV抗体検査**」を受ける必要があります。検査は全国のほとんどの保健所・保健センターで無料・匿名《とくめい》で受けることができます。

また、この病気について気になることや心配なことがあれば、相談にのってくれるところもたくさんあります。

電話で相談できるところ

・特定非営利活動法人 **HIVと人権・情報センター**

東京03－3292－9090(月～木9～21時 金9～18時)

＊東京都委託事業

大阪06－6882－0102（土・日13～18時）

・特定非営利活動法人 **ぷれいす東京**

03－3292－9090（金18～21時 土・日14～17時）

＊東京都委託事業

・**(財)エイズ予防財団**

0120－177－812（月～金10～13時・14～17時）

ほかにもいろいろあるよ！

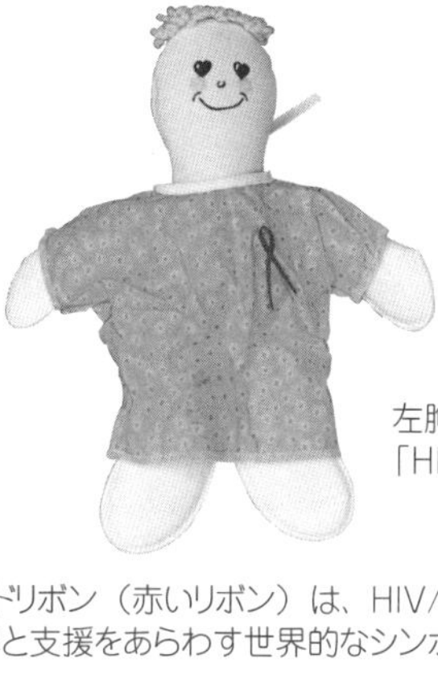

左胸に赤いリボンをつけた
「HIVに感染したお友だち」

＊レッドリボン（赤いリボン）は、HIV/AIDSにたいする理解と支援をあらわす世界的なシンボル

電話相談

3

私の悩み　Q&A

Q1 同級生の女の子を好きになってしまいました。
友だちはみんな男の子が好きなのに……。

（➡12〜13ページを見てね）

人を好きになるのは、楽しくすばらしいことです。好きなタイプは、人によって違います。男の子が好きという子も好きなタイプは人それぞれでしょう。異性が好きなことを**異性愛**、同性が好きなことを**同性愛**といいますが、相手が男の子であれ女の子であれ、好きな気持ちに変わりはありません。

同性を好きになることはそんなにめずらしいことではありませんが、これまでの社会で「異性愛が当然で、同性愛はおかしい」といわれてきた時期があったので、まだ偏見が残っている人もいます。「みんなと違う」というのは言いにくく、また変に思われたらどうしようとあなたは心配になっているのかもしれませんね。

私も高校生のころ、ひどく悩んだ時期がありましたが、おとなになってから、自分以外にも女性を好きになる人はたくさんいると知ってホッとしました。社会は同性愛者の存在を当たり前に受け入れる方向で動きつつあります。同性どうしでもお互いに好きなら、ほかの恋人同士と変わりなく幸せにつきあったり、暮らせますよ。

Q2 中学に入って制服のスカートをはかないといけないのがいやなのですが……。

小学校までズボンばかりはいていたのに、中学から急に制服のスカートをはかなければいけないということに抵抗がある人はけっこういるものです。私も中学に入って制服を着て、なにかとても恥ずかしいような気分になったおぼえがあります。

なかには、抵抗が大きすぎて「とてもじゃないけどスカートなんかはけない」とか、「自分のことを男だと思っているので、はけない」という人もいます。

あなたはどのくらいの抵抗感がありますか？　抵抗が大きすぎて学校生活に影響がでるほどなら、一人で悩まずに勇気をもって保護者や先生に相談してください。

最近では**性同一性障害**などで困っている生徒がいることも少しずつ知られるようになってきています。個別に対応してくれることもあるし、学校によっては制服が男女かかわらず選択制のところもあります。

いずれにしても、服装も個性の一部なんだから、男はズボン、女はスカートと固定せず、もっと柔軟に考えていいと思います。

Q3 ぜんぜん性に興味がありません。おかしいですか？

（➡20ページを見てね）

まわりの人が性に興味をもち、誰とつきあっているとか、どこまで行ったとか騒いでるなかで、自分だけ興味がないとあせっているのですね。

ところで、自分の好きな音楽や漫画の話題ではどうでしょう。自分が興味があることには一生懸命になりますね。でも、その好きなものや興味があることは、人によって違うのではありませんか？　性についても興味がある人とそうでもない人がいます。

メディアの影響で、みんなひじょうに性に関心があって進んでいるかのように思えてしまいますが、故意にブームをつくっているような傾向もあるのです。

性や恋愛がそんなに大きな意味をもたなかった時代もあります。だから近代は性にとりつかれた時代だという人もいます。セクシュアリティのあり方の１つに**Aセクシュアル**（アセクシュアル）というものもあります。性に他人との関係を必要としない人、一人でいて性的にも十分だという人もいます。人に無理に合わせたりあせったりせず、自分らしく生きればいいのです。

Q4 セックスで道具を使うって変ですか？

別に変でもありません。道具を使う人もいます。

セックスって何のためにするものでしょう？　子どもをつくるためという場合もありますが、多くの人が二人のコミュニケーションとしてセックスをしています。また、一人で自分の楽しみとして行うマスターベーションもセックスの１つです。セックスの意味や方法は人それぞれです。

セックスで気をつけなければならないのは子どもを望まない場合は避妊をすることと、けがや病気などから安全であること、パートナーの同意がないことをしないことです。道具を使う場合は、精液などがついた場合、それをそのまま膣《ちつ》に挿入《そうにゅう》すると妊娠する危険性があります。また、からだにふれるものなので性感染症を防ぐためにも道具を使う前に清潔にしておく必要があります。

道具を使うことに抵抗がある人もいます。無理強《むりじ》いせずに、お互いに同意できるようなふれあいの形にしてください。個人の尊重や安全で人間らしいふれあいが大切なのは、セックスにかぎらないことですよね。

Q5 出会い系サイトのメールで知り合った彼と会ったときに無理やりセックスをされました。その後、妊娠がわかったけど、彼と連絡がとれません。

（➡36〜37ページを見てね）

デート中の無理やりのセックスをデートレイプといいます。「デートまでしているんだからいいんだろう」と勝手な考えで相手の同意なしにセックスしてしまうのは、立派な犯罪です。

あなたの場合もデートレイプにあたると思います。一人で抱え込まないで、信頼できる人に相談してください。あなたがどうしたいかが一番大切なのですが、できれば、泣き寝入りはしないほうがいいと思います。

メールは見ず知らずの人どうしが出会うので、こういった危険は常に隣り合わせです。メールのやりとりで親しくなったように誤解してしまうこともあります。しかし犯罪は犯罪。この場合は相手が加害者です。

レイプのうえ、妊娠したことをどうするか、ショックでしばらくは動けないかもしれませんが、信頼できる人に相談しながら、自分にとって最良の方法を選んでください。

Q6 自分の体形がいやで、やせたいのですが、どうしたら、やせることができますか？

（➡50ページを見てね）

あなたはどうして、やせたいのかな？

最近はモデルのようなからだつきが「理想的な女性の体形」と思われています。そして、それが知らず知らずのうちに、私たちの美しさの基準になっているようです。

そのため、自分に自信がもてなくなっている人が多くいます。あなたも、そんなことになっていませんか？（ドクターから、体重をコントロールするように言われている場合は別ですよ）

「なあんだ〜、ダイエットの話じゃないの？」と思ったあなた、ダイエットもやりすぎると危険だと知っていますか？

ダイエットをきっかけに「拒食症」「過食症」という病気になって、命があぶなくなることもあります。無理なダイエットはしないように、気をつけてね。

Q7 まわりの子にくらべると、私の胸は小さくて、とても気になるんですが……。

本文のなかにも書いたけれど、私たちのからだのかたちは人それぞれに違います。

背の高い人や低い人、やせている人や太ってる人、手足の大きい人や小さい人など、いろんな人がいます。

胸の大きさも同じです。

でも、テレビなどを見ていると、「男の子は、胸の大きい人が好き」と思いこまされているし、そう思っている人もいます。

あなたのまわりにいる女性のようすを見てください。ふっくらとしたからだつきでも胸の小さい人、やせたからだつきでも胸の大きい人もいるでしょ。

あなたのからだは、あなた自身のものです。「胸が小さい」という、ありのままの状態を大切に、あなた自身のからだを好きになってください。

Q8 うでや足の毛がこく、とてもいやです。どうしたらいいですか？

私たちのからだは、おとなのからだに近づいてくると、男性ホルモンの働きでうでや足、わきの下や性器のまわりに毛がはえてきます。

「男性ホルモンって、女の子にもあるの？」とふしぎに思ったでしょ。男性ホルモンは女性にも男性にもあって、からだの成長にはとても必要なものです。

女の子も男の子も毛がはえてくると「毛深い」とか、また「まだ毛がはえてこない」と心配する人もいます。でも、毛がはえる時期や量は、人それぞれ違います。

とはいっても、半袖や水着を着る時期になると、とても気になるよね。どうしても気になるときは、スーパーやドラッグストアなどで売っている脱毛用のクリームを使ってみるのも１つの方法です。ただ、アレルギーをおこすこともあるので、一度からだの一部でためしてから使うようにしてね。

Q9 月経が不順なのですが、産婦人科に行ったほうがいいですか？

（➡77ページを見てね）

女の子の多くがからだについての悩みをもっています。悩みのなかでもとくに多いのが、月経に関することです。一時的な月経不順や不調は、ほとんど自然に回復することが多いのですが、ひどい場合や、ふだんと違うときは、ほかに原因があるかもしれないので産婦人科に行くことをすすめます。

といっても、思春期のあなたにとって、産婦人科の受診はとても抵抗感があることでしょう。でも産婦人科は、妊娠や出産のことだけでなく、女性のからだの悩みについての相談や診察、治療をしてくれるところでもあるので、こわがらずに訪ねてみましょう。

●産婦人科の受診を考える必要がある場合

・不正出血がある
・３～６カ月以上月経がこない
・ひどい月経痛
・下腹部が痛い、しこりがある
・性器の部分が痛い、かゆい
・初経がこない　……など

Q10 産婦人科に行きたいのですが、どんなことをするのですか？

産婦人科では、次にあげるような診察や検査をします。診察の前やあとに医師や看護師に相談することもできます。

①問診《もんしん》（アンケート）

問診では、あなたのからだのトラブルの原因を考えるために、からだの状態、月経の状態、セックスや妊娠の経験、どんな症状がいつごろからあるのかなどを書くようになっています。

この問診は、あなたのからだの情報を知るうえで、とても大切なものです。正直に答えることでほとんどのことがわかり、内診《ないしん》をしなくてもよい場合もあります。

②超音波検査

おなかの上から超音波をあてて、子宮内部の断層を画像として映しだし、子宮や卵巣の大きさ、位置などを調べます。また、妊娠の判定や子宮内膜症や子宮筋腫などの診断もします。

③内診

内診には視《し》診《しん》、膣《ちっ》鏡《きょう》検査、触《しょく》診《しん》があります。

・**視診**……外性器部分をかるく洗い、そのあと傷や炎症がないかをみます。

・**膣鏡検査**……イラストのような膣鏡（スペキュラム）を膣のなかに入れて、膣や子宮の入り口に炎症や傷がないかをみます。

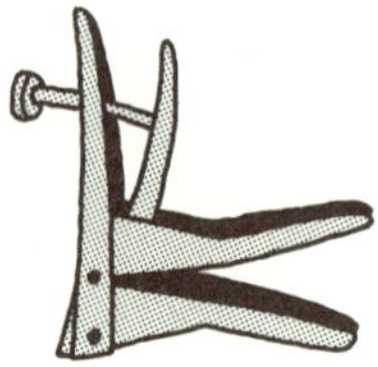

・**触診**……片手の指１～２本を膣にいれ、もう一方の手で下腹部の上からふれて内部のようすをみます。そして子宮や卵巣の大きさや形、異常がないかをチェックします。

④尿検査

妊娠の判定や、ホルモンの状態、排卵の有無、菌の有無について調べます。

最近では、女性の一生（思春期から更年期、老年期）のからだにかかわる症状や病気を診《み》て治療する女性専用外来のある病院もできてきました。
　そこでは女性医師、看護師、臨床心理士、ケースワーカーなどが相談にのってくれ、一人ひとりにあったアドバイスをしてくれます。

ジェンダー&セクシュアリティ用語集

ジェンダーとセクシュアリティの用語にはいろいろな見解があります。これが唯一の見解ではありません。

異性愛

異性が好きなこと、性的指向が異性に向いていること。

異性愛が当たり前とされているので多くの異性愛者（heterosexual）は自分の性的指向を意識していません。自分の生き方を考えたり、セクシュアル・マイノリティを理解するためにも、意識する必要があります。

インターセックス（intersex；IS）

半陰陽、間性ともいいます。解剖学的に男女両方の特徴をもっている人、または男性にも女性にも分化しないで生まれてきた人。からだの性が個人個人多様であることから考えれば、性別が２つしかないと思いこんでいる社会のほうに問題があります。

Aセクシュアル

エーセクシュアルまたはアセクシュアルと読みます。性欲をもたない、あるいはセクシュアリティの決まっていない人。異性愛中心の社会では恋愛を強制されますが、好きにならないのも１つの性のあり方です。

FTM、MTF

FTMは（female to male）女から男へ、

MTFは（male to female）男から女へ、

性を変えるという意味で、TSやTGの前につけて使うこともあります。たとえば、FTMTGはからだが女で性自認が男であるトランスジェンダーをさします。

カミング・アウト（coming out）

カムアウトともいいます。セクシュアル・マイノリティが自分のことを受け入れ、まわりの人に伝えること。英語の“coming out of the closet”（押し入れから出る）を省略したもので、異性愛者から見えない、隠れた状態から見える存在になるという意味。まわりの人との人間関係をつくるうえで、自分の生き方を知らせるのは重要なことです。

また、カムアウトすることで、セクシュアル・マイノリティの存在を社会を知らせるという意義もあります。

ただ、異性愛者が自分の恋人のことを語ってもカムアウトにならず、同性愛者が同性の恋人のことを話すとカムアウトになってしまう社会状況のほうが変なのかもしれません。

ゲイ（gay）

男性同性愛者のこと。もとは男女両方に使いました。

ジェンダー（gender ）

生物学的なからだの性別でなく、社会的・文化的につくられた性。

ジェンダー・フリー

ジェンダー役割のおしつけから自由であること。つまり、性別にかかわりなく、女らしさ／男らしさにしばられず生きること。

ジェンダー役割（gender role）

女性に期待される役割、男性に期待される役割。女らしさ／男らしさのこと。

性自認（gender identity）

こころの性別。からだの性とは別に、本人が思う自分の性別。

性的指向（sexual orientation）

性的な興味関心が向く方向のこと。同性に向けば同性愛、異性に向けば異性愛、性の関心が性別にかかわりなくいずれにも向けばバイセクシュアルです。趣味嗜好ではないので、性的嗜好と書くのは間違いです。また、たんに性の方向をさす言葉なので、正しくは志向でなく指向です。

性同一性障害（Gender Identity Disorder；GID）

こころとからだの性別がずれていて、不一致に苦しんでいる状態を示す精神医学的用語。

性別適合手術（Sexual Reassignment Surgery；SRS）

いわゆる性転換手術のこと。こころとからだの性の不一致による違和感を解消するために、からだのほうをこころに合わせるよう手術をおこないます。

性の転換にともなって法律上の性別を変更できる国が多いのですが、日本では手術は可能になりましたが、戸籍上の性別を変えられないので問題になっています。

セクシュアリティ（sexuality）

人の性と生のありよう全体をさす広い概念。

個人のセクシュアリティは性別や性自認、性的指向という要素からなりますが、もっと広く、人の性的な行動パターンや性的関心を含む場合もあります。

セクシュアル・マイノリティ（sexual minority）

インターセックス・TS・TG・同性愛者などの性的少数者。男女の枠組みに安住でき異性を愛する多数者にたいして、性的少数者といわれます。

セックス（sex）

生物学的な性。女らしさ／男らしさなどの社会的な性とは異なり、セックスは生まれつきのからだの性別。

同性愛

同性が好きなこと。性的指向が同性に向いていること。同性愛者（homosexual）のうち女性同性愛者をレズビアン、男性同性愛者をゲイといいます。ホモセクシュアルをホモと縮めるのは蔑称《べっしょう》。最近ではヨーロッパを中心に同性同士の結婚を認める国が増えてきました。

トランスジェンダー（Trans Gender；TG）

広い意味では、こころとからだの性別に違和感がある人の総称。狭い意味では性別に違和感はあるが、からだを手術で変えることまでは望まず、社会的な性別を変えることを望む人のことをさします。

トランスセクシュアル（Trans Sexual；TS）

こころとからだの性別違和がひどく、性別適合手術を必要とする人のこと。

バイセクシュアル（bisexual）

性的指向が性別にかかわりなく、いずれにも向くこと。

レズビアン（lesbian）

女性同性愛者のこと。古代ギリシャの女性詩人サッフォーが女性たちを集めてくらし、同性の恋人に詩を贈った場所といわれるレスボス島に由来します。「レズ」と縮めるのは差別的ニュアンスが強く感じられるので避けるべきです。日本のレズビアンどうしは「ビアン」と呼ぶことが多くなっています。

さまざまなセクシュアリティ　おすすめの本

●同性愛

池田久美子『先生のレズビアン宣言――つながるためのカムアウト』かもがわ出版、1999年

伊藤悟『同性愛がわかる本』明石書店、2000年

笹野みちる『Coming　Out!』幻冬舎、1995年

●性同一性障害

虎井まさ衛『女から男になったワタシ』青弓社、1996年

佐倉智美『性同一性障害はオモシロイ――性別って変えられるんだヨ』現代書館、1999年

安藤大将『スカートをはいた少年』ブックマン社、2002年

●インターセックス

橋本秀雄『男でも女でもない性』青弓社、1998年

●セクシュアリティ全般

性意識調査グループ編『310人の性意識――異性愛者ではない女たちのアンケート調査』七つ森書館、1998年

“人間と性”教育研究所編『同性愛・多様なセクシュアリティ――人権と共生を学ぶ授業』子どもの未来社、2002年

STN21編『セクシュアルマイノリティ』明石書店、2003年

女の子たちへの応援メッセージ——あとがきにかえて

この本をつくるきっかけになったのは、３年前に出た『男の子の性の本——さまざまなセクシュアリティ』（解放出版社）という本でした。男の子向けに書かれ、「多様なセクシュアリティ」や「ジェンダーフリー」の視点が入ったその本は、画期的なものでした。

その反響のなかで、女の子向けの本もぜひ欲しいという声が聞かれました。そこで、10代の女の子向けの本をつくろう、それも重要な視点である「性の多様性」と「性的自己決定」を中心にしようと考えたわけです。

女の子は生まれたときから女の子としての役割を期待され、大きくなっていけば「女の性とはこういうものだ」という社会からの視線のなか、本来の自分の性を考える機会がなく、氾濫《はんらん》する性情報（多くは男性向けのＡＶなど）に取り込まれていってしまいます。

でも、少し待って……。それって本当のあなたの姿でしょうか？　そもそも、性別は男と女の２種類で、生き方も２種類しかないのでしょうか？

この本をつくっている間にも、いろいろなセクシュアル・マイノリティの中高生の気持ちを聞きました。クラスのなかで居場所がないと悩む生徒。同性とつきあったけどクラスの子にいじめられて苦しかった。自分と同じような気持ちをもった友だちをつくりたいけど、どこをさがせばいいのか。友だちに自分のセクシュアリティのことを話したいけど、うまく話す方法がない、など。

この本の前半はそういった子どもたちのための情報や説明を書きました。自分はマイノリティではないと思っている人もしっかり読んで、友だちの支えになったり自分の性を見つめ直す材料にしてほしいと思います。

また、後半では、セックスのことやからだのことを、できるだけわかりやすくイラストなどを使って説明しています。

とくにみなさんに知ってほしかったのは、そういったいろいろな知識は自分の生き方を自分で決めるためにあるということです。女の子の性は子どもを産むためだけとか、男性の性欲を満たすためだけのものでもありません。主体的に「私の性は私のもの、こころもからだも生き方も」と言えるようになってほしいと思います。

この本が、多様な性と生を生きる女の子たちのそれぞれの自己決定に役立つことを祈っています。

最後になりましたが、長期にわたって著者のいろいろな不都合を励まし、サポートしてくださった編集者の加藤登美子さんに感謝を捧げたいと思います。

2003年５月　　池田久美子　尾藤りつ子

池田久美子（いけだ・くみこ）
高校教員。主な著書『先生のレズビアン宣言—つながるためのカムアウト』（かもがわ出版）ほか

尾藤りつ子（びとう・りつこ）
中学校教員。主な著書『AIDSをどう教えるか』（解放出版社）、『性と生をどう考えるか』（同）

女の子の性の本
こころもからだも私のもの

2003年7月20日　初版第1刷発行

著　者——池田久美子・尾藤りつ子

発　行——株式会社 解放出版社

大阪市浪速区久保吉1の6の12　〒556-0028
TEL 06-6561-5273　FAX 06-6568-7166
東京営業所
千代田区神田神保町1の9　〒101-0051
TEL 03-3291-7586　FAX 03-3293-1706
振替00900-4-75417
ホームページ http://kaihou-s.com

定価はカバーに表示しております

落丁・乱丁はおとりかえします／ISBN4-7592-6075-7　NDC375　86P　19cm
印刷——日本データネット株式会社